AF276741

Sentir es cuanto queda

Sentir es cuanto queda

Cecilia Álvarez

EDICIONES Aguere · EDICIONES · IDEA

Colección dirigida por: Ánghel Morales García
Directora de arte: Sara Hernández
Maquetación: Marina Zambrana

Sentir es cuanto queda

Primera edición: 2024
© De la edición:
Ediciones Idea, 2024
Ediciones Aguere, 2024
© Del prefacio:
Abdul Hadi Sadoun
© Del texto:
Cecilia Álvarez
© De la foto de portada:
Nieves Brito Álvarez y Cecilia Álvarez

Ediciones Idea
• San Clemente, 24 Edif. El Pilar
38002, Santa Cruz de Tenerife.
Tel.: 922 532 150
Fax: 922 286 062

• León y Castillo, 39 - 4º B
35003 Las Palmas de Gran Canaria
Tel.: 928 373637 - 928 381827
Fax: 928 382196
correo@edicionesidea.com
www.edicionesidea.com

Ediciones Aguere
• Tribulaciones, 23
38001, Santa Cruz de Tenerife.
Tel.: 922 288 724 / 676 863 442
nacioncanaria@hotmail.es

Fotomecánica e impresión: Gráficas Tenerife, S.A.
Impreso en España - *Printed in Spain*
ISBN: 978-84-10272-40-8
Depósito Legal: TF 684-2024

PREFACIO

Siempre hay algo que me atrae a los poemas y el mundo poético de Cecilia Álvarez, donde hay más que un punto de originalidad y singularidad de su voz poética, una voz que no se parece a ninguna otra poeta o poeta español, y como si fuera única en su cauce, otro río paralelo a tantos otros ríos. De hecho, estoy casi seguro de que es un río a solas, desde que empezó a publicar y a escribir alejándome de todos los cánones literarios que rigen el mundo de la publicación en Lengua española. Además, añadiendo que su tierra canaria está prácticamente alejada del océano español, escribe con moderación y solitaria –en un sentido asombroso– de los mundos editoriales o los eventos de las propias islas.

Y esta opinión que vislumbré desde la primera vez que la conocí, y desde la lectura de sus primeros libros hasta el último, que es este libro que está en nuestras manos, se hace evidente que mi idea de poética profunda y de la voz serena y única como la personalidad del poeta, me transmite la verdad de mis expectativas y su cercanía al hecho de que la auténtica poesía no necesita demostraciones ni promoción día y noche.

Cecilia Álvarez, en este poemario, abraza más su mundo interior, un mundo que creemos que conocemos, para que nos sorprenda en cosas más ocultadas en el siguiente libro. Bajo este sugerente título podemos presenciar aspectos, caras, silencios, soledades, y muchos suspiros por la misma vida que contemplamos y discutimos para no caer en el olvido del ayer cobarde e invisible.

Sentir es cuanto queda es sentir el tiempo en su ida y vuelta, aquel giro que esperamos y estamos seguros que nunca regresa. Pero, ante todo, nuestro deber es señalar todos estos momentos efímeros, para no ir detrás de la ilusión de la vida. El tiempo es protagonista en el poemario y está presente en todos sus sentidos –día, noche, hora, tarde, infinito, otoño, alba o memoria–, lo –los– tocamos en nuestra piel y también en las palabras que intentamos expresar. Tanto el silencio como la ceniza nos recuerdan que para hacer un poema es necesario abrazarnos en primer lugar y descifrar el delirio, aunque solamente sea desde una silla vacía.

En la escritura en general, y en esta colección homogénea como unidad poética, vemos claramente esa llama oculta que nos ilumina los indudables significados, que, si queremos definir su realidad, sólo revelarán la falsedad de la lectura única o el único significado claro que deseamos de los poemas de Cecilia. Porque desde el punto de vista de un lector distinto a mí encontrará en ellos una huella, un significado y una diferencia que lo llevará por otros caminos que yo personalmente no comprendí, o no encuentra en ello lo que otros encuentran. En mi opinión, ésta es la cúspide de la poesía, el asombro de la palabra y la virtud del propósito poético.

Una lectura específica de los poemas de estos libros nos permite detenernos en algunos símbolos y signos reveladores, pero para nuestra sorpresa, son símbolos y signos que no nos guían por un solo camino, sino que se dividen en varios caminos, destinos y horizontes.

Y si volvemos de nuevo con los versos de Juan Ramón, que encabezan el poemario, a que todo lo que se puede apagar, inevitablemente lo encontraremos pulsando en algún pecho, cercano o lejano, pero lo sentimos y lo escuchamos. Y esto es lo que me invita a contemplar el núcleo complejo de los poemas que nos ofrece la poeta, y que están llenos de múltiples imágenes que casi nos proporcionan una visión ansiosa de la presencia, al margen de este infinito universo.

Abdul Hadi Sadoun
Madrid, 2024

11

SENTIR ES CUANTO QUEDA

He sentido que la vida se ha apagado,

sólo siento los latidos de mi pecho.

JUAN RAMÓN JIMÉNEZ

EL ASOMBRO DE MI PIEL

Primero fue la noche,
las palabras huyendo sin sentido
la brisa recalando
resignada
entre las estancias vacías
de mi ser.

Después vino la vida
abriéndose paso a destajo
entre el estruendo
que dejara la tormenta,
el escalofrío tiritando
sobre el asombro de mi piel.

Y siguió el miedo,
–el velo de la incertidumbre–
el eco del trueno
resonando en mi pecho
en la más solitaria oscuridad.

Y me quedé esperando
en vano
allí donde una vez retuve
el tiempo.

PALABRAS Y SILENCIOS

Ya todo está en orden,
colocado por matices
por lluvias y por lágrimas
por palabras y silencios
abrazos y soledades.

Y he dejado,
–en este inventario mío–
cada sueño en su lugar,
unos reposan
en un plácido rincón
de la memoria,
otros aúllan desconsolados
desde el limbo
de los deseos imposibles,
condenados a vagar
                    eternamente.

BRAZOS DEL DELIRIO

Vino y se fue,
la mano
que detuviera las horas.
La sostuve con fuerza,
exprimí
la ternura de sus dedos
hasta que el tacto se deshizo.
Y cayó la escarcha
para sembrar de frío
      el ansia de los sueños.

Volverá la noche
arrastrando
su silencio por el suelo,
apagando
las llamas de los ojos,
hasta caer
en los brazos del delirio.

Y renacen los pasos
–siempre–
      en cada aurora.

AL RASO DE LA TARDE

Me dejo amantar
por la sutil melodía
        del otoño.
Recorre fielmente mi piel,
como una sinfonía serena
que va dejando sus notas
al raso de la tarde.

Tal vez esté
en las caprichosas nubes
que traza el cielo,
en los ocasos que gritan
al son de sus colores.

Tal vez sea en el mar,
en el espejo
que dibuja su bonanza,
en la calma
que se impregna de silencio
en los últimos hálitos
        del crepúsculo.

No. Ha huido
–con sigilo y premura–
del lenguaje veraz
de todas las estaciones.

UNA SILLA VACÍA

La oscuridad
se adentra por los cristales
entre la algarabía,
como si creyera
que es igual a todas las demás
en la senda del recuerdo.

Una silla vacía
una vajilla cualquiera
sobre la mesa
y unos vasos por llenar,
de ilusión más que de vino.

Ruedan y ruedan las palabras
entre el lenguaje tenue
de las luces,
como si buscaran ansiosas
un lugar seguro
camino del infinito.

Vive así en espacios pretéritos,
custodiando el instante
con las agujas enloquecidas
de la medianoche,
como si fuera mañana
y el alba preparara su ritual
para revivir un ser
malogrado y agónico.

Mordí la nada.
Un silencio atroz y rotundo
me valló el alma
hasta estrujarle el aliento,
hasta romper el culto
de aquel milagro
que se deshiciera en infinitos cristales
esparcidos
por cada rincón de la memoria.

Y abrí las ventanas
del desaliento
para que huyeran
los susurros de la noche.

Esperé con ansia
una temida galerna,
para atar a sus manos
                el eco de las palabras.

Y escapó la ternura
–con sus dedos y mieles–
a un lugar
de donde nunca se vuelve.

HÁLITO BREVE

La vida es un suspiro
atrapado en un instante.
No importa que el alba
se prolongue
como un cuerpo
                a contraluz.

Siempre guardas un latido,
un hálito breve
que se hace intenso,
ese segundo infinito
en que se para la vida
y no sabes
en qué lado está lo vivido
y lo que queda por vivir.

Sientes entonces
cómo surge lentamente
un resplandor,
rompiendo oscuridades
o forjándolas
más fuertes todavía.

RETALES DE CENIZA

Mi lecho en penumbra,
sombras escurridizas
cubriendo mi cuerpo
con un manto gélido,
los sueños
dibujando mis deseos
sobre retales de ceniza,
que la terquedad de la lluvia
                ha borrado.

El gris se ha clavado
en el techo de mi vida
y no me deja ver otros
                colores.

DESVARÍO

La noche anda sola
por los vericuetos de mi ser,
y el alba está tan lejos
del mapa de mis horas,
tan escondida
tras los matorrales de la luz.

Pareciera que a veces
nunca amanece,
aunque el sol arda
en las más altas
                cúspides azules,
que el cielo clama
para que el mar se mire
                complaciente.

Y en él me miro yo,
con el rezo suplicante
                de mis días.

LATIDOS

Con la luz de noviembre
despiertan
los latidos que hibernan
entre la quietud del estío.

Vuelve a sentirse
la humedad que recubre la tarde
y dejo
a su albedrío el calendario
para que cada día
encuentre su lugar entre la nada.

Hace frío
dentro de mis huesos,
a pesar
de la lumbre estremecida.

LA FORMA DEL OLVIDO

Qué extraña
es la forma del olvido.
No tiene cuerpo
pero te envuelve y ahoga,
no tiene ojos
pero se recrea en el llanto
silencioso,
no tiene manos
pero te golpea –despiadado–
cada rastro de la vida,
no tiene boca
pero besa la hiel perenne
que guarda la memoria.

Sólo tiene rostro,
un rostro enmarañado
y difuso,
envuelto en la niebla
tras el vaho del tiempo.

TIERRA LASTIMADA

Arde,
arde un corazón
bajo la nieve,
un diluvio cubre
la tierra lastimada,
la tierra yerma que se oculta
tras un vergel
de hojas resecas,
                    mustias
por el fuego que una vez
fuera piel tan encendida.

De pronto llueve,
y viene el agua apresurada
a calmar
las brasas ardientes
de otras vidas, otros nombres
vencidos
por la fuerza implacable
                    del azar.

SILENCIO

He dejado –sutilmente–
que la noche traiga
su silencio
hasta el mismo abismo
          de mi invierno.

A solas escucho el murmullo
de las hojas,
meciendo su lenguaje
antiguo
sobre las alas abiertas
          de mis sueños.

Estoy a salvo
en la quietud nocturna.
Todo es posible
sin cerrar los ojos.

ÁRIDAS HUELLAS

Me gusta estar
al otro lado de los puentes,
mirar hacia atrás
y observar
que nada valioso
he dejado en la otra orilla,
que mis pasos
siguen firmes y seguros,
a pesar del vacío que oteo
y el arrullo vacilante
          de la nada.

Cruzo lentamente
el camino
y voy dejando en cada paso
porciones de mí misma,
lo que dejara
en las áridas huellas
de los días,
y lo que llevo conmigo

–oculto–
en la hondura secreta
            de mi alma.

CON EL ALBA

Avanza lentamente
la madrugada.
Se lleva con ella toda la mudez
que esconde el mundo
en los recodos de su médula.

Y un aluvión de palabras
se agolpan
tras el telón
de los corazones vencidos,
pero no se escuchan,
apenas mantienen
un hilo de vida
en el espacio que dejan
los susurros.

La luz del alba
se ha detenido frente a mí
y no la miro.

VOCES PERDIDAS

Nadie lo sabe,
pero en cada amanecer
me rehago,
detengo el alba
con hambre en los ojos, su luz
seductora,
pletórica de lenguajes
prescindibles de palabras.
Está de más el verbo
al abrigo de los brazos,
cuando el reloj se para
en la hora exacta
            del sosiego.

Pronto llegará el ocaso
y se repite el ensueño.
Hago un alto en su último
aliento
y escucho voces perdidas
que se retuercen
entre las heridas abiertas
            del camino.

Y me dejo abarcar
              por la noche,
me ausento
sobre el pecho imaginario
que ha perdido su esencia,
y espero pacientemente
que la primera luz
rompa de nuevo
              la costumbre
de contemplar el alba
                    solitaria.

Es el momento esperado
para volver
a inventar la vida,
para volver a vivir,
              aunque nadie lo sabe.

Sólo yo
              sobrevivo al instante.

ESTA NUEVA SOLEDAD

Cuento con mis dedos
–trasnochados y torpes–
las múltiples formas
de encarar la soledad.
A veces la buscas
–ansiosamente–
y a veces la sientes
sin llamarla y no la quieres.
Entra cautelosa
por cada rincón
              de tu cuerpo,
–despojándote–
hasta que el vacío
se adueña
de lo que queda de ti.

Y he descubierto,
entre el silencio que me tiene,
una soledad
nueva y cruel,
es esa soledad que te abarca
y aprisiona

cuando miras atrás
y nadie ni nada te asiste,
nadie queda
para recordarte
lo que tu memoria no alcanza,
nada queda
de los lugares
unidos al asombro,
del hogar
que me nombraba,
de los cobijos
que fueran cantando conmigo
las letras alegres
               de mi infancia.
Nadie y nada me queda
de aquel universo
sobrado de instantes
que aspiraban ser eternos.

Se han soltado mis amarras
de todo cuanto fui,
ahora ando sola
           –sólo conmigo–
lastrando mis miedos
en esta nueva soledad
              que ahora me guía.

RÍO CALLADO

No es bueno
que la tristeza esté sola,
te devora en silencio
–pausadamente–
y sacia su hambre
con el brillo errante
que anida en tus ojos.

No es bueno
acomodarse en el regazo
de la pena
sin más armadura
que los golpes secos
de tus propios latidos.

No es bueno, no,
sucumbir al tono gris
de tu memoria
sin antes detener

el río callado
                    de tus lágrimas.
Y después que diluvie
para que todo se borre.

LAS LÍNEAS DE MI SINO

Ha pasado un ángel
dejando un rastro indescriptible
de silencio.
Y ha pasado otro
y otro más,
hasta dejar maltrechas
las palabras en sus alas.

Alzo mis manos
para salvar algunas letras,
pero no consigo
entender
las que llevan escritas
las líneas de mi sino.

Ha pasado otro ángel
y ha roto
todas las palabras
que un día fueran tan veraces.

Añoro la magia
del silencio que se crea,
el que me habla
–incansable–
sin pronunciar palabra.

BALBUCEO

Adónde ha huido
la calidez de los abrazos,
dónde el aliento
que recorre mi cuerpo
en el espacio que deja
la constancia
            de mi memoria.

Dónde el abrazo
que se fundiera en mi espalda
y el balbuceo dormido
que recalara en mi piel.

Todo está alojado
al otro lado de mí,
en la línea leve
            e invisible
que traza
el cordel de mi frontera.
Debe ser este frío aciago,
este frío que no cesa,
es el fuego que no arde

aunque las llamas devoren
el lenguaje confuso
e impreciso
                del ayer.

TAPIA BLANCA

Con el tiempo dormido
entre mis dedos
paso a hurtadillas
por la faz de mi cordura.
Apenas un suspiro
me aleja
de esa tapia blanca
que entorpece mi horizonte.

Es alta, muy alta
para escalar mis temores,
es demasiado blanca
y su luz me ciega
ante el rostro misterioso
         de mi azar.

Dejaré que el tiempo
descanse
mientras velo
–paciente–
el paso aletargado de la noche.

AQUELLA VOZ

He perdido
una parte de mi nombre,
apenas unas letras
que llegaron
tardíamente a mi historia.
Se han ido mar afuera
salvando tempestades
y la furia de las olas.

Las escuché una vez
en la música que dejara aquella voz,
las enredé en mi ser
con ansias derramadas,
las até con fuerza
                a mis días,
a mi piel y mis sentidos
–inútilmente–.

Me dice el corazón
que ya no vuelven,
que el mar se las quedó

en lo más profundo,
enredadas
entre algas y corales,
       a salvo
de las rapaces garras
       de otros nombres.

CANCIONES DE CUNA

Busco denodadamente
–en el reposo de la tarde–
          aquella niña
que volaba
con las alas inquietas
          de su infancia.

Fue suya la tierra,
los surcos
que guardaran las simientes
y la lluvia
que cayera a raudales
sobre la luz de sus juegos.

Suyo era el universo,
el aire, el mar, la cumbre,
el frágil árbol
que sostuviera su columpio
y los techos
que cobijaran
tantas canciones de cuna,
tantos cuentos

enredados a la noche,
como una hiedra
que trepa por las voces
–amorosas y eternas–
del tiempo.

ESQUIVAS HORAS

Camino a oscuras
por la senda poblada
de la memoria.
Voy a tientas y en silencio
para no despertar
                    recuerdos,
para no sucumbir
al rastro que dejan
                    las vivencias,
esa locura perenne
cosida con fuego y olvido
a los lados
                    de mi alma.
Guarda el tacto
su liturgia
entre las esquivas horas
que pasaran lentas,
entre el rayo fugaz
                    de aquel otoño.

PÁRAMO INFINITO

Un paso más
en este páramo infinito,
sed inagotable
que dejo
            en cada suspiro
que va haciéndose jadeo
en los muros carcomidos
                de mi ser.

Busco ansiosamente
el agua
que me sacie
            y que me inunde,
una hoja verde
en medio de la estepa
que me hable de la vida,
de la esperanza
            que se pierde,
de la fe sepultada
por los gritos
de una soledad insaciable.

Siento la tierra
bajo mis pies desnudos
siento los cantos,
el polvo hecho ceniza
y siento
cómo la brisa devora
el rastro
            de mis huellas.

Sentir es cuanto queda.

A RATOS

A ratos te siento sin medida
y a ratos
busco en el abismo
de mi propio lenguaje
la palabra que te nombre.

A ratos respigo en las paredes
del recuerdo
para dejar que pase el aire
que un día fuera
aroma límpido y fresco.

A ratos cierro todas mis puertas
y dejo
que quede al otro lado
lo que fuera luz destellante,
agua que inundara
los vericuetos ocultos de mis días,
donde sólo un sol agonizante
conoce la gruta silente
                de mi nombre.

A ratos me pregunto
–sólo a ratos–
dónde encontrar
la lucidez
que me aparte
del desorden de mis días.

PENÚLTIMA PÁGINA

Sin querer cerré los ojos
y al abrirlos
había escapado
–raudo y fugaz–
el tiempo.

ARAÑAR LA TIERRA

Aquí dejo mis palabras,
el lenguaje candente
que habita
          en mis latidos,
los símbolos ocultos
en la verdad
que cubre mi existencia.

Sólo hay que retirar
la hojarasca
que cubre mis desvelos,
arañar la tierra
que ha sostenido
          mis pasos
y la pátina
que recubre mi piel,
para encontrar
las hojas en blanco
          de mi vida
y las escritas

a contracorriente
al mismo borde
de mi insalvable
                mundanal ruido.

ÍNDICE